Dieter Emeis

Gebetsgedanken zum erweiterten Rosenkranz

D1729967

Dieter Emeis

Gebetsgedanken zum erweiterten Rosenkranz

Johannes-Verlag Leutesdorf

Erste Auflage 2003

Mit kirchlicher Druckerlaubnis
Copyright by Johannes-Verlag Leutesdorf
Umschlagfoto: KNA-Bild, Bonn

Satz: Johannes-Verlag Leutesdorf
Druck und buchbinderische Verarbeitung:
Görres Druckerei, Koblenz

ISBN 3-7794-1478-3

Zu beziehen durch die *KSM*
Katholische Schriften-Mission, D-56599 Leutesdorf
Telefon: 0 26 31/9 76-1 92, Telefax: 0 26 31/9 76-2 50

Inhalt

Geleitwort von Bischof Dr. Franz-Josef Bode   7

Vorwort   9

I. Der freudenreiche Rosenkranz

Der freudenreiche Rosenkranz um die
Gabe des Glaubens   13

Der freudenreiche Rosenkranz um das
Zeugnis des Lebens und des Wortes   16

Der freudenreiche Rosenkranz um
Berufe der Kirche   19

Der freudenreiche Rosenkranz für
die Armen   22

II. Der lichtreiche Rosenkranz

Der lichtreiche Rosenkranz um das
Geschenk der Umkehr   27

Der lichtreiche Rosenkranz in den
Zukunftsfragen der Menschheit   30

Der lichtreiche Rosenkranz um
Versöhnung und Frieden   33

Der lichtreiche Rosenkranz für die
Kinder und Jugendlichen 36

III. Der schmerzensreiche Rosenkranz

Der schmerzensreiche Rosenkranz um
das Geschenk der Liebe 41

Der schmerzensreiche Rosenkranz für
die ihrer Überzeugung wegen Verfolgten 44

Der schmerzensreiche Rosenkranz für
die Kranken 47

Der schmerzensreiche Rosenkranz für
die Opfer ungerechter Gewalt 50

IV. Der glorreiche Rosenkranz

Der glorreiche Rosenkranz um die Gabe
der Hoffnung 55

Der glorreiche Rosenkranz für die
Verstorbenen und Trauernden 58

Der glorreiche Rosenkranz um die
dauernde Erneuerung der Kirche 61

Der glorreiche Rosenkranz um die
Einheit der Christen 64

Geleitwort

„Maria bewahrte alles, was geschehen war, in ihrem Herzen und dachte darüber nach" (Lk 2,19). Wer den Rosenkranz betet, tut nichts anderes: er bewegt die Geschehnisse des Heiles in seinem Herzen und vertieft sich in das Geheimnis Christi. Die Heils- und Erlösungsgeschichte, die sich im freudenreichen, lichtreichen, schmerzhaften und glorreichen Rosenkranz darstellt, wird zu seiner persönlichen Heils- und Erlösungsgeschichte. Die Perlenschnur der Heilsgeschichte wird ihm zum „roten Faden", um das Labyrinth seines Lebens besser bestehen zu können.

Wer den Rosenkranz betet, sitzt im Kreis der Apostel mit Maria vor Pfingsten (Apg 1,13 f.; 2,1), um dem Kommen des Geistes Raum zu geben. Wer den Rosenkranz betet, tritt betend ein für alle im Gebet Verstummten und gibt den vor Leid sprachlos Gewordenen eine Stimme. Er knüpft mit am verborgenen Netzwerk des Gebetes, das viele Menschen auffängt und trägt. Er trägt bei zu einem Gebetsnetz für den Frieden, das die Welt umspannt. Unterschätzen wir nicht die Kraft des wiederholenden betrachtenden Gebets. Es ist eine uralte Kraft des Glaubens, weil sie der veränderten Kraft der Liebe Gottes etwas zutraut.

„Ein Gebet, das so einfach und gleichzeitig so reich ist, verdient es wirklich, von der christlichen Gemeinschaft neu entdeckt zu werden", fordert uns der Heilige Vater in seinem Apostolischen Schreiben *Rosarium Virginis Mariae* auf (Nr. 43). Dem dienen die vorliegenden Betrachtungen, die uns Professor Dr. Dr. Dieter Emeis nach großer Verbreitung seiner früheren Schrift neu schenkt. In tiefer Dankbarkeit für dieses Geschenk wünsche ich allen, die mit den hier vorliegenden Betrachtungen den Rosenkranz beten, den reichen Segen des menschgewordenen Gottes für sich und für alle, für die sie betend eintreten.

Bischof Dr. Franz-Josef Bode, Osnabrück

Vorwort

Papst Johannes Paul II. unterstreicht in seinem Schreiben zum „Jahr des Rosenkranzes" (Oktober 2002 bis Oktober 2003) *Rosarium Virginis Mariae* den betrachtenden Charakter dieses Gebetes (Nr. 12). In diesem Zusammenhang zitiert er seinen Vorgänger Paul VI.:

„Ohne Betrachtung ist der Rosenkranz ein Leib ohne Seele, und das Gebet läuft Gefahr, zu einer mechanischen Wiederholung von Formeln zu werden, ganz im Widerspruch zur Mahnung Jesu: ‚Wenn ihr betet, sollt ihr nicht plappern wie die Heiden, die meinen, sie werden nur erhört, wenn sie viele Worte machen' (Mt 6,7). Seiner Natur nach verlangt das Rosenkranzgebet einen ruhigen Rhythmus und ein besinnliches Verweilen, was dem Betenden die Betrachtung der Geheimnisse im Leben des Herrn erleichtert ... So werden sich ihm die unergründlichen Reichtümer dieser Geheimnisse erschließen."

„Geheimnisse" werden die Einschübe in das „Ave Maria" nicht darum genannt, weil sie Unbekanntes benennen, sondern darum, weil den Betenden beim wachsenden Vertrautwerden mit ihnen immer tiefer bewußt wird, wie Gott größer ist als alles menschliche Begreifen.

Der Papst empfiehlt, dem jeweiligen Rosenkranzgesätz die Verkündigung eines passenden

Bibelabschnittes voranzustellen (Nr. 30) und dem „Gloria" ein abschließendes Gebet folgen zu lassen (Nr. 35). Die Gebetsgedanken der vorliegenden Schrift verbinden diese beiden Anregungen dadurch, das sie in einem dem Rosenkranzgesätz vorangehenden Gebet an die darin aufgenommene biblische Überlieferung erinnern. Dazu wird die bewährte Praxis aufgenommen, beim Beten des Rosenkranzes unterschiedlichen Gebetsanliegen der Kirche Raum zu geben. Der Rosenkranz ist eine besonders geeignete und wertvolle Form, in der Betende sich selbst und die Menschen ihrer Zeit mit der Quelle des Lebens verbinden können.

Diese Schrift geht auf den weiteren Vorschlag des Papstes ein, einen neuen Zyklus von Geheimnissen in das Beten aufzunehmen (Nr. 28). Die Geheimnisse des „lichtreichen Rosenkranzes" sind in der folgenden Form offiziell von der Deutschen Bischofskonferenz angenommen:

1. Jesus, der von Johannes getauft ist
2. Jesus, der sich bei der Hochzeit in Kana offenbart hat
3. Jesus, der uns das Reich Gottes verkündet hat
4. Jesus, der auf dem Berg verklärt worden ist
5. Jesus, der uns die Eucharistie geschenkt hat.

Gegen ein mögliches Mißverständnis sei betont, daß die gelesenen oder vorgetragenen Gebetsgedanken eigene bei der Betrachtung aufkommende Gedanken und innere Bewegungen nicht ersetzen, sondern anregen wollen.

Dieter Emeis

I.
Der freudenreiche
Rosenkranz

Der freudenreiche Rosenkranz um die Gabe des Glaubens

1

Heilige Maria, das Geschehen, das der Engel dir verkündete, überbot alles menschliche Denken. Doch öffnetest du dich dieser Botschaft. Du glaubtest der Zusage des Engels: „Bei Gott ist kein Ding unmöglich." Der Glaube traut Gott Großes, ja alles zu, wenn es darum geht, uns Menschen zu beschenken. Erbitte uns einen Glauben, der demütig um die Grenzen des Geschöpfes weiß und sich den unbegrenzten Möglichkeiten Gottes anvertraut.

2

Heilige Maria, Elisabet grüßte dich mit dem Wort: „Selig ist die, die geglaubt hat, daß sich erfüllt, was der Herr ihr sagen ließ." Dein Glaube ist das Tor, durch das Gott uns in seinem Sohn unsagbar nahegekommen ist. Wir bitten um deine Fürsprache für unsere Welt und Zeit. Viele sind ohne eine letzte Hoffnung. Vielen gilt nur wirklich, was greifbar und meßbar ist. Für die auch in ihnen lebendige Sehnsucht sehen sie keine Antwort. Erbitte ihnen und uns Offenheit für das Wort der frohen Botschaft und darin die Erfahrung des Wortes: „Selig, die nicht sehen und doch glauben."

3

Heilige Gottesmutter, auf die Botschaft der Engel hin fanden die Hirten dich, Josef und das Kind, das in der Krippe lag. Sie erzählten, was ihnen über dieses Kind gesagt worden war. Du bewahrtest alles, was geschehen war, in deinem Herzen und dachtest darüber nach. So lebtest du mit dem Geheimnis des Weges Gottes mit dir und uns. Erbitte uns und unseren Mitmenschen die Fähigkeit, glaubend darüber zu staunen, wie wir in der Geburt deines Sohnes beschenkt sind. Mit dir möchten wir nicht aufhören, mit diesem Geschenk immer vertrauter zu werden.

4

Bei der Darstellung Jesu im Tempel nahm der greise Simeon das Kind in seine Arme und pries Gott für das Licht, das er in Jesus für alle Menschen aufstrahlen läßt. Der Heilige Geist hatte ihm die Augen des Herzens für dieses Licht geschenkt. Glaube wird nicht gewonnen als Ergebnis menschlicher Forschung. Er ist eine Geistesgabe und will erbetet werden. In unserer Zeit ist vielen der Glaube fremd geworden. – Heilige Maria, erbitte du uns Menschen unserer Zeit ein Wirken des Geistes, das uns zu deinem Sohn führt und in ihm zum Geheimnis unseres Lebens vertrauensvoll „Vater unser" beten läßt.

Heilige Maria, auch in deinem Glauben lag Gottes Weg mit dir nicht immer klar vor dir. Erst nach sorgenvoller Suche fandest du deinen Sohn im Tempel mitten unter den Lehrern. Du verstandest nicht, was dir gesagt sein sollte mit dem Wort: „Wußtet ihr nicht, daß ich in dem sein muß, was meinem Vater gehört?" Zum Glauben gehört, daß Gottes Nähe neu gesucht und nach dem Sinn seiner Worte immer weiter gefragt werden muß. Erbitte uns eine Treue, die sich auch in den Zeiten in Gott festmacht, in denen uns der Gott unseres Glaubens fern und fremd erscheint.

Der freudenreiche Rosenkranz um das Zeugnis des Lebens und des Wortes

1

Heilige Maria, in dem Kinde, das du durch das Wirken des Heiligen Geistes empfingst, hat sich Gott uns Menschen unwiderruflich verbunden. Nun gilt für alle Menschen aller Zeiten, daß Gott mit uns ist. Diese Wahrheit kann uns letzten Halt geben – einen Halt, den wir Menschen einander ohne Gott nicht bieten können. Erbitte der Kirche unserer Zeit, daß sie sich dem Wirken des Geistes öffnet wie du und so den Menschen die tragende und bewegende Nähe Gottes bezeugt. Der Geist schenke uns die Taten und Worte, die heute an den lebendigen Gott erinnern können.

2

Heilige Maria, deine Begegnung mit Elisabet war erfüllt von einem Klima staunender Freude an Gott. Schon im Mutterleib begann Johannes, auf den zu verweisen, der nach ihm kommen sollte. Der Heilige Geist ließ Elisabet erkennen, wen du zu ihr getragen hattest. Dir selbst ging das Herz über in einem jubelnden Lied auf deinen Gott. Erbitte der Kirche unserer Zeit Begegnungen, in denen Christen ihre Freude an ihrem Gott teilen. Daraus können sie dann die Freude auch zu den

Menschen tragen, mit denen sie tagtäglich auf dem Wege sind.

3

Heilige Maria, als die Hirten dich und Josef und das Kind in der Krippe gefunden hatten, erzählten sie, was ihnen über dieses Kind gesagt worden war. Und alle, die es hörten, staunten über die Worte der Hirten. Heute ist die Kirche berufen zu erzählen, was ihr über deinen Sohn gesagt wurde. Das soll nicht nur innerhalb der Kirche geschehen, sondern auch draußen. Viele haben noch keine Worte von Gott gehört, die sie zum Staunen bringen konnten. Erbitte der Kirche unserer Zeit Offenheit für die Freude und Not der Menschen und eine Sprache, durch die Gott zu ihnen kommen kann.

4

Heilige Maria, bei der Darstellung Jesu im Tempel freute sich Simeon nicht nur für sich und sein Volk über dein Kind. Er sah in ihm ein Licht aufgehen für alle Menschen und alle Völker. Weil Gott ein Gott aller Menschen und aller Völker ist, sollen in deinem Kind alle Menschen und alle Völker beschenkt werden. Erbitte der Kirche unserer Zeit in allen Völkern unserer Erde Taten der Liebe, in denen das Licht Gottes aufscheinen kann. In diesem Licht kann es geschehen, daß endlich doch Schwerter zu Pflugscharen, Waffen in Geräte für das Leben umgeschmiedet werden.

5

Heilige Maria, du fandest deinen Sohn wieder im Tempel. Dort saß er mitten unter den Lehrern, hörte ihnen zu und stellte Fragen. Dort wußte er sich in dem, was seinem Vater gehört. Gott wohnt nicht in einem von Menschen erbauten Haus, auch damals nicht. Und doch sind Orte wichtig, die an ihn erinnern. Orte, an denen man sich versammelt, um von ihm zu hören und nach ihm zu fragen. Erbitte der Kirche unserer Zeit, daß sie ihre Kirchen nicht nur als Bauwerke pflegt, sondern als Orte belebt, die Zeugnis geben von Gott und für alle eine Tür offenhalten zum Geheimnis ihres Lebens.

Der freudenreiche Rosenkranz um Berufe der Kirche

1

Heilige Maria, du wurdest von Gott berufen, dem Kommen seines Sohnes in unsere Welt zu dienen. Du hast dein Ja gesagt und empfingst so vom Heiligen Geist Gottes Neuanfang mit uns Menschen. Heute soll die Kirche für den Willen Gottes dasein, die Menschen mit sich und untereinander zu vereinen. In der Kirche brauchen wir dazu Menschen, die dieser gemeinsamen Sendung aller Getauften in besonderer Weise dienen. Erbitte du, heilige Mutter Gottes, der Kirche unserer Zeit Menschen, die vom Heiligen Geist bewegt werden, in der Sammlung und Sendung der Kirche ihre Lebensaufgabe zu erkennen und zu ergreifen.

2

Heilige Maria, du trugst das Geheimnis deiner Berufung zu Elisabet, um es mit ihr zu teilen. Es war die große Freude, die dich und Elisabet und sogar schon Johannes unter dem Herzen seiner Mutter erfüllte. Aus dieser Freude entsprang dein Lobpreis der neuen Nähe Gottes für die Armen und Demütigen. Erbitte der Kirche unserer Zeit Menschen, die der Heilige Geist mit der Freude des Evangeliums erfüllt und sie befähigt, andere in der Freude des Glaubens zu stärken. Der Geist schenke ihnen immer neu die Erfahrung, von Gott aufgehoben und getragen zu werden, wo sie sich ihm glaubend anvertrauen.

3
Heilige Maria, bei der Geburt deines Sohnes verkündeten Engel den Hirten, daß Gott seinen Frieden unter uns Menschen anbrechen läßt. Die Hirten erzählten weiter, was ihnen über dein Kind gesagt worden war. Das Geheimnis deines Sohnes braucht Zeugen, die anderen die Augen des Herzens für die in ihm geschenkte Liebe Gottes öffnen. Die Kirche braucht Menschen, die andere in ihrem Zeugnis begleiten und ermutigen. Heilige Mutter, erbitte der Kirche unserer Zeit Frauen und Männer, die durch ihr Leben und durch ihr Wort den Anbruch deines Friedens unter uns Menschen verkünden und andere dazu bewegen, diese Freude weiterzuerzählen.

4
Heilige Maria, du hast deinen Sohn nicht für dich gewollt, sondern dafür, daß sich in ihm Gottes Wille erfüllt. Ob junge Menschen in unserer Kirche dazu finden, ihr Leben ganz in den Dienst des Evangeliums zu stellen, hängt nicht zuletzt von der Haltung ihrer Eltern ab: ob diese ihre Kinder als Eigentum für sich beanspruchen oder ob sie sie freigeben für ein eigenes Leben, das

Gott beanspruchen kann. Erbitte den Eltern die Weitherzigkeit, ihre Kinder an Aufgaben der Kirche heranzuführen und sich zu freuen, wenn ihre Kinder von diesen Aufgaben angezogen werden.

5

Heilige Maria, als du Jesus im Tempel wiederfandest, standest du vor dem Geheimnis seiner einzigartigen Verbundenheit mit Gott als seinem Vater. Seine Berufung, die Liebe seines Vaters unter die Menschen zu tragen, war einzigartig. Doch beteiligt er daran die Kirche. Für diese ihre Berufung braucht die Kirche Menschen, die andere daran erinnern und dazu ausrüsten. Erbitte der Kirche unserer Zeit Menschen, denen Gott sich auf besondere Weise als Liebe zu erkennen gibt und die im Dienst an der Weitergabe dieser Liebe eine Lebensaufgabe finden, die sie ganz erfüllt.

Der freudenreiche Rosenkranz für die Armen

1

Heilige Maria, der Engel verkündete dir, daß dein Kind königlich herrschen wird und daß seine Herrschaft nicht enden soll. Die Herrschaft deines Sohnes war und ist allerdings von besonderer Art. Bei ihr werden die Menschen nicht unterdrückt, sondern befreit. Es ist eine Herrschaft zugunsten der Armen. Dein Sohn herrscht, indem er dient. Erbitte du, die Magd des Herrn, den Armen unserer Erde die Befreiung von der Unterdrückung durch für ihr Lebensverlangen blinde Machthaber. Und erbitte der Kirche den Geist, in dem sie in der Nachfolge deines Sohnes den Armen dient.

2

Heilige Maria, bei der Begegnung mit Elisabet lobtest du Gott für das Große, das er an dir als seiner niedrigen Magd getan hat. Dein Lied sang davon, daß nicht den Stolzen, die sich über andere erheben und die nur für sich Reichtümer ansammeln, die Zukunft Gottes gehört, sondern den Geringen und Hungernden, die auf Gott als den Anwalt ihres Lebens vertrauen. Erbitte du, die niedrige Magd, den Ohnmächtigen unserer Erde die Erfahrung, von Gott nicht vergessen zu sein, sondern durch von ihm ergriffene Menschen Hilfe zu bekommen. Den Reichen und Mächtigen erbitte Offenheit für die Rechte der Armen.

3

Heilige Maria, die Freude, die die Engel bei der Geburt deines Sohnes den Hirten verkündeten, galt allen Menschen, zuerst aber den Armen. So sagte Jesus von sich selbst am Anfang seines Wirkens: „Der Herr hat mich gesandt, damit ich den Armen eine gute Nachricht bringe" (Lk 4,18). Dein Sohn ist Gottes Geschenk an alle Menschen; aber nur dann, wenn sie sich an der Seite der Armen beschenken lassen und mit den Armen Gottes Gaben teilen. Erbitte du, die Fürsprecherin der Armen, der Kirche unserer Zeit, daß sie den Armen in Tat und Wort Gottes Zuwendung zu ihnen bezeugt, und erbitte allen Menschen – auch den Reichen – eine Armut, die sich in der Geburt deines Sohnes beschenken lassen kann.

4

Heilige Maria, bei der Darstellung deines Sohnes im Tempel sprach Simeon davon, daß dein Kind ein Zeichen sein wird, dem widersprochen wird. Was dein Sohn von Gott sagte und wie er durch sein Leben Gott zeigte, fand nicht nur Zustimmung. Die Reichen und die Mächtigen sahen sich durch ihn bedroht. Immer noch ist unsere

Welt gespalten. Die einen haben mehr als genug für ihr Leben, die anderen haben zu wenig für sich und ihre Kinder. Unsere Welt braucht den kritischen Dienst deines Sohnes. Erbitte uns Christen den Mut, Anwälte der Armen zu sein, auch wenn wir damit auf Widerstand und Widerspruch stoßen.

5

Heilige Maria, als du Jesus, deinen Sohn, im Tempel wiederfandest, begründete dieser sein Verhalten damit, daß er in dem sein mußte, was seines Vaters ist. Es war das erste Zeichen dafür, daß er zwar zunächst in das Leben in einer menschlichen Familie gehören, dann aber die neue Familie seines Vaters im Himmel zusammenrufen sollte. Nicht nur in ihren Familien sollen die Menschen miteinander teilen; als Kinder des einen Vaters aller Menschen sollen sie grenzenlos geschwisterlich füreinander dasein. Das soll nicht zuletzt zur Versöhnung zwischen Kindern im Elend und Kindern im Wohlstand führen. Erbitte du, Mutter Gottes, unserer Familie der Menschen die Kraft zu einer Solidarität, die die Armen einschließt.

II.
Der lichtreiche
Rosenkranz

Der lichtreiche Rosenkranz um das Geschenk der Umkehr

1

Heilige Maria, obwohl dein Sohn ohne Sünde war, ließ er sich von Johannes taufen. Er suchte die Gemeinschaft mit uns Sündern, damit die Sünde, die uns am Leben hindert, ihre Macht über uns Menschen verliert. Er hat uns den Weg geöffnet, so zu leben, wie es dem Willen Gottes entspricht und uns gut tut. Jesu Aufforderung zur Umkehr ruft uns auf den Weg, der er selber für uns ist. Auf diesem Weg sollen wir zu Gott und zueinander finden. Erbitte du, heilige Maria, uns, unserer Kirche und unserer Gesellschaft offene Ohren und Herzen, wo uns Gottes Geist vor falschen Wegen warnt und auf den Weg des Lebens ruft.

2

Heilige Maria, bei der Hochzeit in Kana sagtest du zu den Dienern: „Was er euch sagt, das tut!" Die Diener handelten nach deinem Wort, und aus dem Wasser, das sie in die Krüge füllten, wurde köstlicher Wein. Heute gilt dein Wort uns, der Kirche deines Sohnes. Wo wir tun, was er uns sagt, geschieht es, daß sich unsere Armut in von Gott geschenkten Reichtum wandelt. Erbitte du, heilige Maria, unserer Kirche die Gabe, auf das

Wort deines Sohnes nicht nur zu hören, sondern auch den Willen seines Vaters zu tun. Und erbitte uns die Erfahrung, wie dadurch die Freude unter uns wächst.

3
Heilige Maria, dein Sohn verkündete neue und befreiende Nähe Gottes bei uns Menschen. Er wandte sich besonders an die Menschen, die falsche Wege gingen und Schuld auf sich geladen hatten. Die Liebe, mit der er ihnen begegnete, hatte die Macht, sie neu in das Leben zu rufen, nach dem sie im Grunde ihres Herzens verlangten. Erbitte du, heilige Maria, denen, die sich mit ihrem Leben verirrt haben, die Gabe der Einsicht, der Umkehr und des neuen Anfangs. Der Geist lasse ihnen Menschen begegnen, deren Liebe heilende Kraft hat.

4
Heilige Maria, als die Jünger auf dem Berg den lichtvollen Glanz deines Sohnes schauten, überfiel sie Furcht. Ihnen wurde bewußt, daß wir Menschen, die wir nicht nur Licht, sondern auch Dunkel in uns tragen, die Nähe des Heiligen nicht aushalten können. Und doch kommt uns Gott im Geheimnis deines Sohnes unsagbar nahe. Wenn wir auf seine Stimme hören, überwindet er alles Dunkle unserer Menschenwelt und erfüllt uns mit seinem Licht. Erbitte du, heilige Maria, uns

Menschen unserer Zeit die Gabe zu unterscheiden, wo wir verführt oder vom lebendigen Gott ins wahre Leben gerufen werden.

5

Heilige Maria, im Geheimnis der Eucharistie nährt uns dein Sohn auf dem Weg unseres Glaubens. Es ist ein Weg, auf dem wir nicht immer seiner Stimme folgen – ein Weg, auf dem wir Halbherzigkeit und Schwäche, Versagen und Verweigerung kennen. Als Kirche sind und bleiben wir eine Gemeinschaft der Heiligen und der Sünder. Als solche ruft uns dein Sohn an seinen Tisch. Erbitte du, heilige Maria, unseren Eucharistiegemeinschaften das ehrfürchtige Vertrauen, daß uns im Empfang der Liebe deines Sohnes unsere alltägliche Sündigkeit vergeben und die Kräfte für seine Nachfolge erneuert werden.

Der lichtreiche Rosenkranz in den Zukunftsfragen der Menschheit

1

Die Menschen ließen sich von Johannes taufen, um rein zu werden. Sie bekannten sich dazu, nicht so zu leben, wie es ihrer menschlichen Berufung entsprach. Die Zukunft der Menschheit ist bedroht, weil die Menschen behindert sind, schonend mit der Schöpfung umzugehen und die Lebensmöglichkeiten unserer Erde miteinander zu teilen. Bei der Taufe Jesu sagte die Stimme vom Himmel, daß Jesus als der Sohn Gottes der Mensch ist, wie Gott ihn wollte und will. In der Gemeinschaft mit ihm können und sollen die Menschen rein werden. – Heilige Maria, erbitte uns den Geist deines Sohnes, der uns in der Demut der Geschöpfe und in einer geschwisterlich verbundenen Menschheit leben läßt.

2

Bei der Hochzeit zu Kana offenbarte Jesus in den großen Krügen köstlichen Weines, wozu er gekommen war: „Ich bin gekommen, damit sie das Leben haben und es in Fülle haben." Danach verlangen wir Menschen – nach einem Leben in Fülle. Gefährdet ist unsere Zukunft, wo Menschen diese Fülle nicht in miteinander geteilter Freude, sondern in der Ansammlung von immer mehr Dingen und in immer weiter gesteigerten Erlebnissen suchen. Das Leben in Fülle können Menschen nicht schaffen. Der Gott des Lebens will es ihnen geben. – Heilige Maria, erbitte uns das Verlangen nach dem wahren Leben, mit dem uns Gott in seinem Sohne beschenken will.

3
In seiner Botschaft vom angebrochenen Reich Gottes verkündete Jesus, daß sich in ihm Gott, sein Vater, mit seinem guten Willen für die Menschen endgültig durchzusetzen beginnt. Es soll alles so gut werden, wie Gott es von Anfang an wollte. Heute bezweifeln im Blick auf die Zukunft viele, daß es gut wird mit unserer Welt. Ohne Hoffnung fehlen die Kräfte, sich für eine gute Zukunft einzusetzen. – Heilige Maria, erbitte den Christen die Bereitschaft, die Möglichkeiten für ein gerechteres Miteinander der Menschen zu nutzen, die ihnen Gott eröffnet. Die Gewißheit, daß sie Zukunft haben, wo sie sich auf Gottes guten Willen einlassen, möge ihnen Zuversicht auch dort geben, wo das Kommen des Reiches Gottes auf Widerstände stößt.

4
Zwischen den Ankündigungen seines Leidensweges nahm Jesus ausgewählte Jünger mit auf den Berg. Ihnen sollte das in Jesus verborgene

31

Licht der neuen Nähe Gottes aufscheinen. Auch wenn es dunkel werden sollte um Jesus, wollte die Stimme vom Himmel sie gewiß machen, daß die Worte und der Weg Jesu ins wahre Leben führen. Auf der Suche nach einer guten Zukunft für die Menschheit werben unterschiedliche Stimmen um die Menschen. – Heilige Maria, erbitte der Kirche, daß sie mit dem Licht des Evangeliums im Herzen in den Zeichen unserer Zeit unterscheiden kann, wo das Leben der Menschen durch Verwirrung und Sünde bedroht ist und wo der Geist Gottes auf rettende und heilende Wege ruft.

5

Am Abend vor seinem Leiden und Sterben faßte Jesus sein ganzes Leben für uns Menschen zusammen und schenkte es in den Gaben von Brot und Wein den um ihn versammelten Jüngern. Dadurch verband er sie mit sich und mit seiner Liebe zum Vater. Zugleich verband er sie untereinander als Anfang der neu zusammengeführten Menschheitsfamilie. Die immer stärker voneinander abhängig werdenden Völker unserer Erde haben nur Zukunft im Miteinander. – Heilige Maria, erbitte der Kirche unserer Zeit, daß sie ihrer Berufung, die Menschen zu vereinen, folgt. Sie kann es, wo sie sich in der Eucharistie immer wieder erneuern läßt und dann die vereinende Kraft des Heiligen Geistes in der Welt zur Wirkung bringt.

Der lichtreiche Rosenkranz um Versöhnung und Frieden

1

Heilige Maria, bei der Taufe im Jordan stellte sich dein Sohn in die Reihe der Sünder, um uns ein Leben nach dem Willen Gottes neu zu eröffnen. Johannes bekannte, daß er nur mit Wasser tauft, daß aber der, der nach ihm kommt, mit Heiligem Geist taufen wird. Die Taufe des Johannes hatte noch nicht die Kraft, die Übermacht der Sünde zu brechen. Wie stark die Macht der Sünde ist, erfahren wir vor allem dort, wo Menschen durch Haß getrennt sind und gegeneinander Gewalt ausüben. Erbitte du unserer Welt die Kraft des Heiligen Geistes, die Menschen miteinander versöhnt und sie füreinander statt gegeneinander leben läßt.

2

Heilige Maria, bei der Hochzeit zu Kana offenbarte dein Sohn im Zeichen des Weines, daß er der Freude und dem Leben der Menschen dienen will. Not und Tod entsprechen nicht dem Willen Gottes, unseres Vaters. Sie kommen über die Menschen, wo sie sich den guten Eingebungen ihres Herzens verweigern. An vielen Orten unserer Erde gibt es Elend und Tod, weil Menschen gegeneinander kämpfen. Erbitte du, heilige Mutter, den darunter leidenden Familien, daß ihre Not als Ruf zur Umkehr von den Mächtigen gehört wird und daß sie neu die Freude des Friedens miteinander teilen können.

3

Heilige Maria, das Reich Gottes, das dein Sohn verkündete, ist das Reich der Liebe und des Friedens, der Gerechtigkeit und der Versöhnung. Dieses Reich gewinnt Macht über uns Menschen, wo wir uns dem Geist Gottes öffnen und uns mit Gott und untereinander versöhnen lassen. Noch sind viele Beziehungen in den kleinen Lebenswelten wie in unserer großen Welt verwundet oder sogar zerstört durch Rivalität, Haß und Rache. Erbitte du den Christen, daß sie in Tat und Wort die versöhnende Kraft des Geistes Gottes bezeugen und so Menschen dafür gewinnen, Gottes guten Willen über sich herrschen zu lassen.

4

Heilige Maria, bei der Verklärung deines Sohnes auf dem Berg rief eine Stimme aus der leuchtenden Wolke: „Das ist mein geliebter Sohn, an dem ich Gefallen gefunden habe; auf ihn sollt ihr hören." So wie dein Sohn – ohne Gewalt und mit nie endender Bereitschaft zur Vergebung – sollen wir Menschen miteinander umgehen, damit es gut wird auf unserer Erde. Vielem, was unter uns

Menschen geschieht, kann Gott nicht zustimmen, weil es Leben behindert, verwundet oder sogar vernichtet. Erbitte du, daß die Stimme deines Sohnes von immer mehr Menschen gehört wird und daß so der Friede Gottes unsere Welt heilt.

5

Heilige Maria, im Blick auf sein Leiden und Sterben schenkte dein Sohn seiner Kirche die Feier der Eucharistie. Sein Leben für uns bis in den Tod machte er zu einer Gabe, von der alle, die an ihn glauben, leben sollen. Das Zeichen des Mahles wählte er, um zu zeigen, was uns durch ihn geschenkt sein soll: die Einheit mit Gott und unsere Einheit untereinander. So dürfen wir den Anbruch des Friedens feiern, der einmal alle und alles erfüllen soll. Erbitte allen, die daran teilhaben, die Erkenntnis, wo sie Gottes Frieden unter den Menschen dienen können, und die Kraft, Schritte auf dem erkannten Weg zu gehen.

Der lichtreiche Rosenkranz für die Kinder und Jugendlichen

1

Heilige Maria, bei der Taufe im Jordan offenbarte die Stimme aus dem Himmel deinen Sohn als den Sohn des Vaters im Himmel. In ihm werden wir Menschen durch unsere Taufe von Gott angenommen als seine Töchter und Söhne. In der Kraft des Heiligen Geistes können und sollen wir Menschen nach dem Willen Gottes werden. Erbitte, heilige Mutter, unseren Kindern und Jugendlichen, daß sich ihr Leben unter dem Einfluß des Heiligen Geistes entfalte und daß sie zu lebendigen Christen heranwachsen, die die Liebe Gottes unter die Menschen tragen.

2

Heilige Maria, durch das Zeichen, das dein Sohn bei der Hochzeit zu Kana wirkte, ging den Jüngern auf, wie nahe ihnen Gott in Jesus gekommen war. Sie kamen zum Glauben an ihn. Auch wir brauchen Begegnungen und Zeichen, durch die sich uns das Geheimnis Gottes in Jesus öffnet und uns zum Glauben ruft. Wir brauchen glaubwürdige Zeugen, Erfahrungen der Glaubensgemeinschaft, vom Geist erfüllte Gottesdienste. Erbitte, heilige Mutter, unseren Kindern und Jugendlichen Orte des Glaubens, an denen sie vom Licht des Evangeliums ergriffen werden und zu ihrer Taufberufung als Christen in der Kirche finden.

3

Heilige Maria, in unserer Gesellschaft werben viele unterschiedliche Stimmen um uns. Die Heranwachsenden leben nicht nur unter dem Einfluß ihrer Familien. Die als Kinder Getauften werden nicht mehr durch einen geschlossenen Lebenszusammenhang erwachsene Christen. Sie müssen im Plural der Lebensalternativen die Stimme hören, der wirklich an ihrer Freude liegt und die sie ins wahre Leben ruft. Erbitte, heilige Mutter, daß unsere Kinder und Jugendlichen in der frohen Botschaft deines Sohnes die kostbare Berufung ihres Lebens entdecken und ihr folgen.

4

Heilige Maria, auf den Berg der Verklärung nahm dein Sohn die Jünger mit, die er später auch an seiner dunklen Stunde der Todesangst teilhaben ließ. Sie sollten eine Vorahnung des Lichtes bekommen, das auch dann noch Kraft hat, wenn es um uns Menschen dunkel wird. In der Hoffnung auf die Nähe und Treue Gottes wird unserem Leben ein belastbarer Halt geschenkt. Erbitte, heilige Mutter, unseren Kindern und Jugendlichen die Hoffnung des Glaubens, die sie auch dann trägt,

wenn sie leiden und trauern müssen. Ihr Getauft-
sein möge ihnen immer mehr zu dem Licht werden, in dem sie vertrauensvoll leben können.

5

Heilige Maria, in der Eucharistie hat uns dein
Sohn das Sakrament des Bleibens und Wachsens
in ihm geschenkt. Durch unsere Taufe werden wir
hineingenommen in die Gemeinschaft derer, die
am Tisch des Herrn mit Gott und untereinander
verbunden werden. Durch den Heiligen Geist, der
uns in jeder Feier der Eucharistie erneuert wird,
kann und soll unser Leben reiche Frucht bringen.
Erbitte, heilige Mutter, unseren Kindern und Jugendlichen einen inneren Zugang zu diesem Geheimnis unseres Glaubens. Die Mitfeier der Eucharistie möge ihnen zum sonntäglichen Höhe-
punkt und zur Quelle ihres Lebens werden.

III.
Der schmerzensreiche Rosenkranz

Der schmerzensreiche Rosenkranz um das Geschenk der Liebe

1

Herr Jesus Christus, du nahmst den Weg deines Leidens und Sterbens an in der Liebe zum Vater. Sein Wille sollte durch dich geschehen. Es sollte die Übermacht der Sünde gebrochen werden durch die von dir bis zuletzt gelebte Liebe. Nicht ohne Angst nahmst du den Widerstand der Menschen gegen Gott auf dich; aber größer als deine innere Not war deine Bereitschaft, in der Hingabe deines Lebens uns das Leben in Fülle zu schenken. Gib uns Anteil an deinem Geist, damit wir auf deine Liebe mit unserer Liebe antworten. – Heilige Maria, die du offen warst für Gottes Willen mit dir, bitte für uns.

2

Herr Jesus Christus, es ist ein dunkles Geheimnis, daß Menschen anderen Menschen bewußt Schmerzen zufügen und sie gewaltsam erniedrigen. Von Gott gewollt sind wir als Menschen, die einander helfen und aufrichten. Du hast dich von der Verweigerung der Menschen gegenüber dieser Berufung treffen lassen. So hast du *unsere* Krankheit getragen und *unsere* Schmerzen auf dich geladen. Heile durch deine Liebe die Wunden falschen Lebens unter uns Menschen und gib uns den Geist eines Lebens füreinander. – Heilige Maria, du Mutter des Erlösers, bitte für uns.

3

Herr Jesus Christus, zum Spott wurdest du mit Dornen gekrönt und als König verehrt. Die Soldaten, die dies taten, waren blinde Vollstrecker ungerechter Machthaber. Du hast es erlitten und bist für uns und die ganze Welt ebendarum der König, der uns aus der Gefangenschaft von Haß und Gewalt in die Freiheit der mit Gott und miteinander versöhnten Kinder Gottes führt. Öffne uns immer tiefer für dein Reich der Güte und des Erbarmens, damit wir in Tat und Wort die Macht deiner Liebe bezeugen können. – Heilige Maria, du Königin des Rosenkranzes, bitte für uns.

4

Herr Jesus Christus, du hast gesagt: „Liebet einander, wie ich euch geliebt habe." Mit dem Kreuz hast du unsere Last getragen. Nun gilt für uns: „Einer trage des anderen Last." Wo Menschen in Liebe miteinander verbunden sind, wollen sie einander Freude und Glück schenken. Sie begegnen im anderen aber auch dessen Last. Liebe ist nur echt, wo sie mit dem Geschenk des anderen auch dessen Last annimmt. Gib uns und allen Menschen eine belastbare Liebe und darin die Erfahrung, daß du uns trägst, wo wir einander tragen helfen. – Heilige Maria, du Hilfe der Schwachen, bitte für uns.

5
Herr Jesus Christus, niemand hat eine größere Liebe, als wer sein Leben hingibt für seine Freunde. Du gabst dein Leben für uns. Dein Kreuz ist ein Zeichen dafür, wie tief heillos unsere Welt ist. Es ist zugleich ein Zeichen der Liebe, die die Kraft hat, die Welt zu heilen. Unsere Welt ist bis heute geprägt von Grausamkeit und Haß, Ungerechtigkeit und Feindschaft. Zugleich bist du auf geheimnisvolle Weise in dieser Welt wirksam in Zuwendung und Versöhnung, in Zärtlichkeit und Verlangen nach Gerechtigkeit. Stärke mit dem Geschenk deiner Liebe alle, die in ihren Herzen den guten Anregungen des Geistes folgen. – Heilige Maria, du Schmerzensmutter, bitte für uns.

Der schmerzensreiche Rosenkranz für die ihrer Überzeugung wegen Verfolgten

1

Von Angst erschütterter Herr, du wußtest um die unheimliche Macht, die dich aus dem Wege räumen wollte. Doch gingst du in Treue deinen Weg. Bis heute gibt es Machthaber, die, um ihr Regime zu festigen, ungerechte Gewalt ausüben. Wer ihnen widerspricht oder widersteht, muß mit Verfolgung oder auch Mord rechnen. Wir denken an alle, die ihrer Überzeugung wegen in Gefahr sind, und besonders an die christlichen Glaubenszeugen. Stärke sie in der Treue. Gib ihnen Halt in dem Vertrauen, daß ihr Einsatz für Wahrheit und Recht eine Zukunft hat, die kein Gegner verhindern kann. – Heilige Maria, Hilfe der Christen, bitte für unsere verfolgten Schwestern und Brüder.

2

Geschlagener Herr, unschuldig warst du einer Strafe ausgeliefert, die schuldige Menschen über dich verhängten. Das war die Antwort auf deine frohe Botschaft von dem Gott der Armen und Kranken, der Verlorenen und Ausgegrenzten. Bis heute treffen Christen, die dein Evangelium in Tat und Wort bezeugen, bei vielen Mächtigen auf

Ablehnung und Haß. Sie werden bestraft, ohne Unrecht getan zu haben, und erniedrigt, obwohl sie anderen nur aufhalfen. Schenke ihnen die Erfahrung, wie du bei ihnen bist und durch ihr Zeugnis dein Licht leuchten läßt. – Heilige Maria, Trösterin der Betrübten, bitte für die, die ungerechter Gewalt ausgeliefert sind.

3

Mit Dornen gekrönter Herr, die Knechte wußten nicht, mit wem sie ihr verhöhnendes Spiel trieben. Sie waren blind für die Liebe Gottes in dir. Heute ist es oft Blindheit für die Würde des Menschen, wenn die Rechte von Menschen verachtet und die, die sich für diese Rechte einsetzen, verfolgt werden. Öffne durch deinen Geist die Augen derer, die andere ungerecht verfolgen, gefangensetzen oder umbringen, und schenke ihnen die Umkehr zu einem Leben in der Wahrheit. Lasse sie zu ihrer eigenen Würde finden, indem sie die Würde der Menschen achten. – Heilige Maria, du Zuflucht der Sünder, bitte für die, die andere ungerecht verfolgen.

4

Kreuztragender Herr, alle Christen rufst du in deine Nachfolge. Dabei bekommen alle irgendwie Gemeinschaft mit deinem Kreuz. Eine besondere Berufung ist es, wenn Christen in deiner Nachfolge um ihres Glaubens willen leiden müssen oder sogar ihr Leben verlieren. Du hast ihnen zugesagt, daß sie auf diesem Wege ihr Leben retten für das ewige Leben. Stärke unsere verfolgten Brüder und Schwestern in der Hoffnung, damit sie auf ihrem Wege dich erkennen, sich mit dir vereinen und mit dir dem Kommen des Reiches Gottes dienen. – Heilige Maria, du Königin der Märtyrer, bitte für die Christen unter dem Kreuz der Verfolgung.

5

Gekreuzigter Herr, durch deinen Tod hast du der Welt das Leben geschenkt. Unsere Geschichte kennt weiter den Kampf, in dem Gottes guter Wille für uns Menschen auf den Widerstand derer stößt, die auf Kosten anderer Macht und Reichtum nur für sich suchen. In deiner Nachfolge leiden und sterben nicht nur Christen, sondern viele, die dich nicht erkennen, die sich aber ganz für Gerechtigkeit und Freiheit einsetzen. Nimm auch ihre Hingabe auf in deine Hingabe, die die Sünde besiegt. – Heilige Maria, du Mutter der neuen Menschheit, bitte für alle, die wegen ihres Einsatzes für andere Menschen verfolgt werden.

Der schmerzensreiche Rosenkranz für die Kranken

1

Herr Jesus Christus, obwohl du ganz mit deinem Vater im Himmel vertraut und verbunden warst, hast du als Mensch die Not der Angst erlitten. Du hast dem Vater deine Not gezeigt und hast gebetet, den Weg ins Dunkel nicht gehen zu müssen. Du hast diesen Weg dann aber doch angenommen im Vertrauen, daß er ins Licht führt – für dich und für uns. Schenke unseren Kranken die Erfahrung, wie du ihnen nahe bist und ihre Not siehst. Laß sie in der Bedrängnis durch schwere Fragen hineinfinden in deine Hingabe an Gottes Willen. – Heilige Maria, Hilfe der Kranken, bitte für sie.

2

Herr Jesus Christus, in den Schmerzen, die Menschen dir zufügten, wird sichtbar, wie tief gestört und verwundet unsere Menschenwelt ist. Auch unsere Kranken haben in ihren Schmerzen daran zu tragen, daß unsere Welt nicht so ist, wie Gott, dein und unser Vater, sie wollte. Schenke ihnen in schweren Stunden die Erfahrung deiner tragenden und aufhelfenden Nähe. Stärke in ihnen die Hoffnung, daß Gott – nicht zuletzt durch deinen Weg des Leidens – alles Unheil überwinden will mit seiner heilenden Macht. – Heilige Maria, Mutter des Erlösers, bitte für unsere Kranken.

3

Herr Jesus Christus, diejenigen, die dich grausam mit Dornen krönten, waren blind für deine in Wahrheit königliche Würde. Ihre Ehrfurcht erwiesen sie den Falschen. In unserer Gesellschaft gibt es die Gefahr, daß nur die Starken und Gesunden gesehen werden, die Schwachen und Kranken aber übersehen bleiben. Gib uns einen ehrfürchtigen Blick für die, die du in Krankheit und Leid in deine besondere Nähe ziehst. Schenke denen, die die Kranken behandeln und pflegen, Empfindsamkeit für deren Würde. – Heilige Maria, du Magd des Herrn, bitte für unsere Kranken und für die, die für sie da sind.

4

Herr Jesus Christus, du hast das Kreuz nicht gesucht, aber auf dich genommen, als es dir aufgelegt wurde. Der Weg unter dem Kreuz ist ein schwerer Weg. Mancher Weg unserer Kranken ist ein schwerer Weg, manchmal sogar ein Weg im Todesschatten. Dieser Weg kann nicht nur schwer, sondern auch lang sein. Sei du mit auf dem Weg mit unseren Kranken. Richte sie auf, wo sie im Gebet, im Empfang deines Leibes, in der Krankensalbung deine Nähe suchen und sich dir anvertrauen. Schenke ihnen auch Menschen, die sie auf ihrem Weg begleiten und ihnen Zeichen deines Mitgehens geben. – Heilige Maria, du Helferin der Christen, bitte für unsere Kranken und ihre Angehörigen.

5
Herr Jesus Christus, der Tod ist dunkel. In ihm versagen die vielen künstlichen Lichter unserer Welt. Du bist in das Dunkel unseres Todes gegangen und schenkst uns durch die Liebe, in der du den Weg gingst, Licht und Leben. Schwere Krankheit erinnert an die Wahrheit, daß wir sterben müssen. Glaubende müssen dies nicht verdrängen. Stärke in den Kranken, die den Tod vor sich sehen, die Gabe der Hoffnung. Halte sie in der Gewißheit, daß Gott, der in der Taufe zu ihnen „ja" sagte, seinem Wort treu ist und ihr ewiges Leben in seinem Hause will. – Heilige Maria, Mutter unter dem Kreuze, bitte für alle, denen der Tod nahe ist.

Der schmerzensreiche Rosenkranz für die Opfer ungerechter Gewalt

1

Herr Jesus Christus, am Abend vor deinem Leiden und Sterben nahmst du drei deiner Jünger mit in den Garten, damit sie mit dir wachen sollten. Es kann helfen, mit der eigenen Not nicht allein zu bleiben. Doch die Jünger schliefen ein, während du in deiner Angst betetest. Wir wollen in unserem Beten nicht die allein lassen, um die es heute dunkel geworden ist. Wir denken an die vielen Opfer ungerechter Gewalt: an die Flüchtlinge und die durch Minen Verletzten, die Ausgebeuteten und Waisen, die Verschwundenen und die Gefolterten. Bewahre sie vor Verzweiflung. – Heilige Maria, bitte für die Menschen, die Opfer anderer Menschen sind.

2

Herr Jesus Christus, du wurdest das Opfer von Haß und Feigheit. Man verurteilte dich, obwohl man an dir nichts Böses fand. Das Gericht wurde mißbraucht, um dich, den Schuldlosen, durch die Todesstrafe aus dem Wege zu räumen. Bis heute finden viele Menschen nicht ihr Recht. Es werden Urteile gefällt, die schon feststehen, bevor die Gerichtsverhandlungen beginnen. Menschen sind der Gemeinheit anderer Menschen ausgeliefert. Öffne die Herzen der Menschen unserer Zeit für die Achtung der Menschenrechte. – Heilige Maria, erbitte unseren Tagen Menschen, die Anwälte der Gewaltlosen sind.

3

Herr Jesus Christus, mit der Dornenkrone und im purpurroten Spottmantel kamst du aus dem Gerichtsgebäude vor das versammelte Volk, und Pilatus sagte: „Seht, da ist der Mensch!" Menschen entwürdigen auf vielfältige Weise den Menschen, den Gott als sein Bild geschaffen hat. Das hast du für uns erlitten, um unsere Würde als Menschen wunderbar zu erneuern. Wir denken an die Menschen, die heute durch andere erniedrigt werden. Schenke ihnen Kraft in der inneren Gewißheit, als Kinder Gottes eine Würde zu haben, die sie nicht verlieren können. – Heilige Maria, bitte für die Menschen, die nicht als Menschen geachtet werden.

4

Herr Jesus Christus, das Kreuz, das dir aufgelegt wurde, sollte deiner Hinrichtung dienen. Das Kreuz, das Menschen in deiner Nachfolge tragen, kann sehr unterschiedlich aussehen. Oft wird es ihnen von anderen Menschen bereitet. Oft geschieht dies durch Ausübung von Gewalt – in den kleinen Welten von Familie, Schule oder Betrieb wie in den großen Welten von Wirtschaft, Gesellschaft und Politik. Wir bitten für die Menschen, die an ihrem Kreuz schwer tragen und manchmal nicht weiter können. Sei ihnen nahe als der, der sie beim Tragen ihres Kreuzes trägt. – Heilige Maria, bitte für die Menschen, die unter ihrem Kreuz müde und schwach geworden sind.

5

Herr Jesus Christus, dein Kreuz ist das Zeichen der todbringenden Macht der Sünde. Und es ist das Zeichen der Liebe, die die Macht hat, uns Menschen zu heilen. Noch hat die Sünde Macht in unserer Welt. So werden Menschen Opfer anderer Menschen. Es geschieht nicht der Wille Gottes, deines und unseres Vaters, daß die Menschen füreinander dasein sollen. Ziehe immer mehr Menschen in den Machtbereich deiner Liebe am Kreuz und befreie uns von Mächten, die uns nicht als Menschen füreinander leben lassen. – Heilige Maria, allen Menschen zur Mutter gegeben, erbitte ihnen die heilende Kraft der Liebe.

IV.
Der glorreiche
Rosenkranz

Der glorreiche Rosenkranz um die Gabe der Hoffnung

der vo den Toten auferstanden ist

1

Herr Jesus Christus, sterbend hast du dich dem Vater anvertraut, und er hat dich aufgenommen in sein ewiges Leben. Du lebst, und damit lebt auch deine frohe Botschaft von deinem und unserem Vater. Nun dürfen wir im Licht einer Hoffnung leben, die wir allem Dunkel, auch noch dem Dunkel des Todes, entgegenhalten können. Wir dürfen und sollen der Treue Gottes zutrauen, daß ihr nichts unmöglich ist, wenn es darum geht, unser Leben zu retten und zu heilen. Stärke in uns die Hoffnung. Gib uns Taten und Worte, in denen wir die Hoffnung auf Gott als tragende und bewegende Kraft bezeugen. – Heilige Maria, erbitte uns Halt in der Hoffnung.

der in den Himmel aufgefahren ist

2

Herr Jesus Christus, du bist den Weg ganz nach unten gegangen bis zum Tod am Kreuz. Nun bist du vom Vater im Himmel erhöht über alles, was sonst in der Welt groß und mächtig dasteht. Der Weg deiner Liebe fand durch den Tod hindurch in die Herrlichkeit des Lebens Gottes. Im Blick auf dich dürfen wir gewiß sein, daß alle Schritte, die Menschen auf dem Weg eines Lebens füreinander gehen, in die Zukunft Gottes führen. Glanz und

Größe, die nur der Selbstbereicherung und Selbstdarstellung dienen, werden zerfallen. Befreie uns durch die Kraft der Hoffnung zu einem Leben in der Liebe. – Heilige Maria, erbitte uns eine Hoffnung, die uns füreinander öffnet.

Der uns den Hl. Geist gesandt hat

3

Heiliger Geist, durch dich wird die Liebe Gottes, in der wir ewig leben sollen, schon in dieser Zeit eingegeben in unsere Herzen. So schenkst du uns einen Trost, der aufrichten und neu auf den Weg bringen kann, wo Resignation und Mutlosigkeit die Menschen bedrängen. Wir bitten dich immer wieder um dein Kommen – für uns und für die mit uns lebenden Menschen. Wo die Hoffnung erlischt, fehlen die Eingebungen und Kräfte, die Herausforderungen der Zukunft anzunehmen. Sei du in uns die Hoffnung, die sich auf Gott gründet und darum immer trägt. – Heilige Maria, erbitte uns den Geist der Hoffnung.

Der dich o Jungfrau in den Himmel aufgenommen hat

4

Heilige Maria, das Geheimnis deiner Aufnahme in den Himmel ist uns ein Zeichen der Hoffnung, das für alle Menschen aufgerichtet wird. Es gibt für uns Menschen ein Ziel. Dieses Ziel ist nicht irgendein unbestimmtes Weiterleben nach dem Tod, sondern daß wir unser Leben finden sollen in Gott. Der Weg beginnt, wo wir uns wie du schon in der Zeit öffnen für Gottes Weg mit uns. Er findet sein Ziel, wo wir uns mit deinem Sohn bis in unseren Tod hinein der rettenden Liebe Gottes anvertrauen. Erbitte uns eine Hoffnung, in der wir wach bleiben für Gottes Ruf in unser ewiges Leben.

Der dich o Jungfrau im Himmel
5 *gekrönt hat*

Heilige Maria, das Geheimnis deiner Krönung durch deinen Sohn ist die Antwort auf deine Bereitschaft, dem Willen Gottes zu dienen. Der Glanz, der in unserer Gesellschaft und in unseren Medien Menschen verliehen wird, ist oft ein Glanz, den Menschen nur für sich suchen. Du hast dich in der Niedrigkeit einer Magd gesehen und die Größe des Erbarmens Gottes besungen. Durch deine Krönung bist du ein Zeichen der Hoffnung für alle, die nicht sich selbst beleuchten, sondern dem Licht der Liebe Gottes in sich Raum geben. Erbitte uns eine Hoffnung, die sich festmacht in unserer Würde als Kinder Gottes.

Der glorreiche Rosenkranz für die Verstorbenen und die Trauernden

1

Herr Jesus Christus, durch deinen Tod und deine Auferstehung bist du unser Weg durch den Tod in das Leben geworden. Wohl trennt uns der Tod von Menschen, mit denen wir zusammenlebten und die uns nun fehlen. Doch kann deine Auferstehung uns trösten, weil uns darin die Hoffnung gegeben ist, daß unsere Verstorbenen in dir das Leben fanden und uns auf neue Weise nahe sind. Wir bitten dich für unsere Verstorbenen: Gewähre ihnen Anteil an deinem Leben beim Vater. Wir bitten dich für die Trauernden: Schenke ihnen den Trost des Glaubens. – Heilige Maria, Mutter des Erlösers, bitte für unsere Toten und für uns.

2

Herr Jesus Christus, du bist uns voraus zum Vater gegangen, um uns in seinem Haus eine Wohnung zu bereiten. Du willst, daß deine Schwestern und Brüder dorthin finden, wo du bist. Darum vertrauen wir dir unsere Verstorbenen an. Wie sie mit dir gestorben sind, so lasse sie auch teilhaben an deiner Herrlichkeit beim Vater. Wir beten auch für die Toten, an die niemand mehr denkt. Auch für sie bist du der Weg geworden, auf dem sie an das Ziel ihrer Sehnsucht gelangen sollen. Sei du die Antwort auf all ihr Verlangen nach Leben. – Heilige Maria, du Pforte des Himmels, bitte für alle Menschen, die vor uns ihren Weg durch die Zeit gingen.

3

Heiliger Geist, durch dich empfangen wir schon vor unserem Sterben ein Leben, über das der Tod keine letzte Macht mehr hat. Es ist das Leben der Liebe Gottes. Du warst die Kraft der Liebe in unseren Verstorbenen. Vollende nun all das Gute, das du in ihnen begonnen hast, und reinige sie von allem, was sie von der ewigen Freude an Gott trennen kann. Den Trauernden sei du die Gabe des Trostes, der sie stärkt in der Hoffnung und ihnen die Erfahrung bleibender Verbundenheit mit ihren Toten schenkt. – Heilige Maria, die du vom Heiligen Geist den Mittler des Lebens empfangen hast, bitte für unsere Verstorbenen und für die Trauernden.

4

Heilige Maria, dich hat dein Sohn schon vollendet in dem Leben, in dem es keinen Tod und keine Klage mehr gibt. Was an dir geschehen ist, soll uns zeigen, daß Gott nicht den Tod und die Trauer, sondern das Leben und die Freude will. Erbitte unseren Verstorbenen, daß dieser gute

Wille Gottes an ihnen geschehe. Die Freude an Gott möge die Antwort sein auf all das Gute, das sie anderen getan haben. Was sie schuldig blieben, möge in der Vergebung Gottes von ihnen genommen werden. Den Trauernden sei deine Aufnahme in den Himmel ein Licht, das sie in der Hoffnung tröstet.

5

Heilige Maria, dein Bild mit der Krone gehört zusammen mit den Bildern, die dich unter dem Kreuz oder mit deinem hingerichteten Sohn auf dem Schoß zeigen. Deine Trauer wurde in Freude gewandelt. Für uns ist und bleibt der Tod – unser eigener Tod und der Tod der uns verbundenen Menschen – ein dunkles Geheimnis. Bei manchem Tod bedrängen uns Menschen schwere Fragen – auch schwere Fragen nach Gottes Weg mit uns. Erbitte allen, die auf deinen Weg mit deinem Sohn und auf deine Krönung schauen, eine Hoffnung, die auch dann noch trägt, wenn es gilt, den Tod anzunehmen und Trauer auszuhalten.

Der glorreiche Rosenkranz um die dauernde Erneuerung der Kirche

1

Herr Jesus Christus, die Kirche feiert dich in der Osternacht als das Licht, das alles Dunkel überwindet. Dieses Licht ist der Kirche anvertraut. Wo sie sich von dir erleuchten läßt, ist sie das Licht der Völker. Durch ihr Leben und ihre Verkündigung soll sie in der Hand Gottes ein Werkzeug sein, alle Menschen mit Gott zu vereinen und untereinander zu versöhnen. Dies kann sie nur, wo du mit ihr auf dem Wege bist. Heile, was in der Kirche ihrer Sendung widerspricht, und erneuere in ihr dein Leben. – Heilige Maria, erbitte der Kirche, daß sie sich dauernd dem reinigenden und belebenden Wort des Evangeliums öffnet.

2

Herr Jesus Christus, du bist verherrlicht beim Vater. Zugleich hat deine Kirche dein Wort, daß du bei ihr bleibst bis zum Ende der Tage. Wie du gesandt warst, dem Leben der Menschen zu dienen, so soll die Kirche aus der Verbundenheit mit dir für die Menschen dasein und sie aufrichten in der Hoffnung. Du bist der Weinstock. Wir, deine Kirche, sind die Reben. Laß uns, deine Kirche, so aus der Einheit mit dir leben, daß wir die Früchte tragen, die der Vater an uns sucht. – Heilige Maria, erbitte der Kirche die Treue zu ihrer Sendung, den Menschen in Tat und Wort die Liebe Gottes zu bezeugen.

3

Heiliger Geist, durch dich ist die Kirche, was sie sein soll: das Zeichen Gottes unter den Menschen. In dir wird die Liebe Gottes ausgegossen in unsere Herzen. Nur wo du die Kirche erfüllst und bewegst, kann sie ihrer Sendung entsprechend leben. Darum betet die Kirche um dein dauerndes Kommen: „Was befleckt ist, wasche rein, Dürrem gieße Leben ein, heile du, wo Krankheit quält. / Wärme du, was kalt und hart, löse, was in sich erstarrt, lenke, was den Weg verfehlt." – Heilige Maria, erbitte der Kirche in aller Welt die immer wieder belebende Kraft des Heiligen Geistes.

4

Heilige Maria, durch deine Aufnahme in den Himmel bist du aufgerichtet als Zeichen der Hoffnung für alle Menschen. Die Wege der Menschen haben ein Ziel. Sie sollen mit dir aufgenommen sein in die Liebe, in der der Vater und der Sohn im Heiligen Geist ewig leben. Mit diesem Geheimnis ist der Kirche eine Hoffnung geschenkt, von der Menschen sonst nicht einmal träumen können. Erbitte der Kirche die dauernde Bereitschaft, sich tiefer in der Liebe und in der Hoffnung zu verwurzeln, um so überzeugender und anziehender zu werden.

5

Heilige Maria, wenn wir dich als im Himmel Gekrönte verehren, preisen wir das Große, das Gott an dir getan hat. Deine Erwählung ist ebenso das Geschenk Gottes wie die Freiheit, in der du darauf geantwortet hast. Wenn wir dich als Wunder Gottes feiern, ruft uns dies in die Offenheit, heute unsere Berufung durch Gott wahrzunehmen und ihm glaubend zu antworten. Erbitte der Kirche im Blick auf dich die dauernde Bereitschaft, für den Willen Gottes in unserer Zeit dazusein und glaubwürdiger Zeugnis zu geben von dem, was uns in deinem Sohn geschenkt ist.

Der glorreiche Rosenkranz um die Einheit der Christen

1

Herr Jesus Christus, in deiner Auferstehung hast du uns Menschen das neue Leben erschlossen. Gemeinsam ist allen Christen, daß sie in ihrer Taufe hineingenommen sind in deinen Weg durch den Tod in das Leben. Wir bitten darum, daß die gemeinsame Taufe sich auswirke in einer wachsenden Einheit unter den Christen. – Heilige Maria, erbitte dem Wort des Apostels Macht über uns Christen: „E i n Leib und e i n Geist, wie euch durch die Berufung auch e i n e gemeinsame Hoffnung gegeben ist; e i n Herr, e i n Glaube, e i n e Taufe, e i n Gott und Vater aller, der über allem und durch alles und in allem ist" (Eph 4,5–6).

2

Herr Jesus Christus, gemeinsam schauen wir Christen auf zu dir als dem Urheber und dem Vollender unseres Glaubens. Dieser Blick möge die Augen unseres Herzens dafür öffnen, daß wir als deine Schwestern und Brüder zusammengehören und der Welt das Zeichen der Einheit schulden. Du bist erhöht über alle Mächte und Gewalten. Überwinde durch deine sieghafte Liebe, was an Schuld und Mißverständnis, an Fremdheit und gegenseitigen Verweigerungen zwischen unsere Kirchen getreten ist. – Heilige Maria, erbitte uns Christen wachsende Einheit im Glauben an deinen Sohn.

3

Heiliger Geist, du bist die Liebe, in der Vater und Sohn eins sind. Du bist die Liebe Gottes, die ausgegossen ist in die Herzen der Glaubenden. Du bist das Band der Einheit und des Friedens, der zusammenführt und zusammenhält. Trotz der vielfältigen Verweigerungen der Christen gegen dein Wirken bitten wir dich um dein immer neues Kommen. Führe zusammen, was getrennt ist. Hilf uns, eine Vielfalt, die reich macht, zu unterscheiden von einem Pluralismus, der auseinandertreibt. – Heilige Maria, erbitte uns den Geist, der uns mit Gott und untereinander verbindet.

4

Heilige Maria, aufgenommen in das Leben deines Sohnes beim Vater nimmst du Anteil am Weg der Kirche durch diese Zeit. Du kennst die Wunden, die Christen einander in ihrer Geschichte zugefügt haben. Du weißt darum, wie das Licht, das die Kirche zu bezeugen hat, durch mangelnde Einheit verdunkelt wird. Du siehst auch, wie der Geist die getrennten Christen neu einander suchen und Wege der Versöhnung gehen läßt. Erbitte uns immer weiter diesen Geist, in dem du deinen Sohn empfangen hast und den Weg mit ihm gegangen bist bis an dein und unser aller Ziel.

5

Heilige Maria, wir feiern in deiner Krönung das Werk der Gnade Gottes. Wenn wir beten: „Bitte für uns Sünder!", dann denken wir nicht nur an unser je eigenes Versagen, sondern auch an die Sünde der Kirche, durch die sie die Einheit verloren und bis heute nicht wiedergefunden hat. In deinem Leben war die heiligende Macht Gottes größer als alle Macht der Sünde. Die Einheit der Christen können wir letztlich nicht von menschlicher Anstrengung, sondern nur als Werk der Gnade Gottes erwarten. Darum bitte für uns, daß Gottes zusammenführende Kraft sich stärker erweist als die trennende Macht der Sünde.

☙

Im *Johannes-Verlag Leutesdorf* erschien

Joseph Schultheis
Gebet um Frieden
Meditationsgedanken zum Rosenkranz
2001. 7. durchgesehene und veränderte Auflage.
56 Seiten. Kartoniert.
ISBN 3-7794-1439-2
Bestellnummer: M 76

Nach Papst Johannes XXIII. muß der Friede, den Jesus Christus gebracht und hinterlassen hat, „in eindringlichem Gebet" immer wieder erfleht werden. Die vorliegende Schrift bietet Hilfe und Anregung, mit Maria, der Gottesmutter, die auch als Königin des Friedens verehrt wird, um diesen Frieden zu bitten. Sie ist es, in der sich allen Menschen „das Licht der Hoffnung" offenbart, wie es einmal Papst Johannes Paul II. formuliert hat.

Im Hauptteil der Schrift wird der Lebensweg Jesu Christi im Rosenkranz betend betrachtet. Der Anhang mit Friedensgebeten eröffnet die Möglichkeit zur weiteren Meditation.

Zu beziehen durch die *KSM*
Katholische Schriften-Mission, D-56599 Leutesdorf

Im *Johannes-Verlag Leutesdorf* erschien

Adolf Adam
Maria im Kirchenjahr
Information und Meditation
2001. 3. Auflage. 68 Seiten. Kartoniert.
ISBN 3-7794-1397-3
Bestellnummer: M 185

Als Mutter unseres Herrn Jesus Christus ist Maria aufs engste mit dem Heilswerk ihres Sohnes verbunden. In dankbarer Verehrung hat ihr die Kirche in Jahrhunderten einen Kranz von Hochfesten, Festen und Gedenktagen gewunden, die sich wie Mosaiksteine von verschiedener Größe, Farbe und Leuchtkraft zu einem Gesamtbild vereinen. „Maria im Kirchenjahr" informiert nicht nur über Entstehung und Inhalt der einzelnen Festtage, sondern möchte durch entsprechende marianische Texte auch zur Meditation anregen. Eigene Erwähnung findet der Gebetstag Unserer Lieben Frau vom Rosenkranz (8. Oktober). Gerade der Rosenkranz erlaubt es, Gestalt und Leben Jesu „in Maria" (Romano Guardini) zu betrachten.

Zu beziehen durch die *KSM*
Katholische Schriften-Mission, D-56599 Leutesdorf